Cómo Educar a Un Beagle

Adiestramiento Canino Para la Raza Beagle

Por

Marcos Mendoza

~ Perro-Obediente.com ~

1

2

Índice

~ Perro-Obediente.com ~

~ Perro-Obediente.com ~

~ Perro-Obediente.com ~

~ Perro-Obediente.com ~

~ Perro-Obediente.com ~

~ Perro-Obediente.com ~

<u>Introducción</u>

Bienvenido a una guía sencilla, rápida y sobre todo EFECTIVA para educar, entrenar y adiestrar a un Beagle.

Bienvenido a "Cómo Educar a un Beagle".

Mi nombre es Marcos Mendoza y te voy a guiar paso a paso a través de todo lo que necesitas saber para educar a tu Beagle y terminar con todo sus malos hábitos para siempre.

La intención de este libro es darte una solución rápida a tu problema, directo al punto y sin relleno.

Desde ahora este será tu manual de trabajo para comenzar a educar a tu perro; no te quedes solo con la primera leída. Léelo varias veces y APLICA su contenido para enseñar a tu mascota nuevos y mejores comportamientos.

Adiestrar a un perro Beagle es fácil, solo se necesita un poco de esfuerzo y dedicación de tu parte para lograr tus objetivo.

Estas iniciándote en un camino muy divertido en donde conocerás más sobre tu amigo peludo y pasarás grandes momentos junto a él, educándolo y jugando.

~ Perro-Obediente.com ~

Te deseo mucho éxito en esta nueva aventura ;-)

~ Perro-Obediente.com ~

Sobre la Raza

Cada raza tiene su historia, sus rasgos y sus problemas. El Beagle no es una excepción. Esta información sin duda nos ayudará a orientarnos y comprender mejor el modo de enseñar a nuestro amigo.

Pero ten en cuenta esto. NO todo en la educación depende de los rasgos que se le dan a un Beagle. Su historia lo ha traído hasta nosotros y a menudo los perros tienen ciertos rasgos y tienen ciertos problemas específicos, pero recuerda que no estás tratando solo con un Beagle: estás tratando con tu perro, y es un individuo único y especial.

Historia

Esta es una de las razas cuyo origen es impreciso. Se cree que los romanos llevaron a sus antepasados hasta Inglaterra como cazadores, y una vez allí, se cruzaron con varias clases de sabueso local.

No fue hasta el siglo XIV que el Beagle comenzó a difundirse de verdad, pero la raza no estuvo afirmada hasta el siglo XIX.

Rasgos Físicos en un Beagle

Tamaño: *Mediano*

Altura: *35-45 cm*

Peso: *10-25 kg*

Color: *Varios*

Pelaje: *Corto y denso*

Esperanza de vida: *12-14 años*

Nivel de energía: *Muy alto*

Uso: *Cazador*

Rasgos Psicológicos en un Beagle

Este es un perro alegre y muy vital, valiente y bastante cabezota. Es juguetón y, aunque también equilibrado, puede volverse errático, temperamental o hiperactivo si no hace el suficiente ejercicio.

Problemas Comunes de la raza

Escapismo

El Beagle es un perro muy independiente, como ya has visto, y tiene tendencia a ignorar los límites y escapar de casa. No está huyendo de su dueño, sino que quiere explorar el mundo por su cuenta. Eso estaría bien de no ser por peligros como los coches o las personas que están más que encantadas de hacer daño a los animales que encuentran en la calle.

Persecución de objetos y/o personas

Los perros cazadores, como por ejemplo el Beagle, pueden desarrollar una fuerte tendencia a perseguir cosas, animales o incluso seres humanos. Y está bien que persiga la pelota que le tiras, pero no lo es tanto cuando persigue autos, bicicletas, gatos o al cartero.

Ladrido excesivo

Los perros como el Beagle son ladradores por naturaleza. El problema viene cuando este ladrido se da en toda clase de situaciones, y ninguna de ellas agradable: llaman al timbre, se oye a alguien en la calle, o un pequeño sonido hace que el perro te despierte de madrugada con sus ladridos. Agradable, ¿verdad?

Hiperactividad

Es muy común que un perro de raza Beagle, por tener tanta energía, tenga tendencia a moverse mucho, querer jugar todo el tiempo y, por tanto, tener comportamientos indeseados como morder muebles, frotarse con las paredes o incluso rascarse a sí mismos hasta hacerse daño. Llamamos a esta actitud hiperactividad.

Cómo Comunicarse con un Beagle

Una de las claves para que un Beagle te obedezca, sea educado y entienda lo que quieres enseñarle, es conociendo las formas de comunicación que tiene.

Lo primero que tienes que saber es cómo se comunica contigo, de qué manera expresa lo que está sintiendo a través de su lenguaje corporal. Debes entender a tu mascota. Luego, debes aprender cuál es el lenguaje corporal correcto que debes utilizar para premiar, corregir o castigar a tu perro para que de esta manera obedezca tus órdenes y entienda tus instrucciones.

Estos temas los veremos en detalle en este capítulo.

Visión general del lenguaje corporal de un perro

La mayoría de los dueños de perros olvidan que la forma más fácil de establecer lazos afectivos con su mascota, además del adiestramiento, es entender el lenguaje corporal básico del perro.

Cuando tu mascota se comunica contigo, ¿lo escuchas? ¿Le prestas atención?

¿Has visto alguna vez a tu Beagle haciendo cosas graciosas con sus orejas, cola y otras partes de su cuerpo? Esta es su forma de decir "¡Oye, tú! Te estoy hablando. ¿Me estás escuchando?".

El ladrido no es el tema que se discute aquí, sino que la forma en que los perros se comunican con nosotros y con el mundo que los rodea mediante su lenguaje corporal. Tu amigo tiene la capacidad de decirte exactamente cómo se siente, si está feliz, triste, aburrido, emocionado, disgustado, desconcertado, confiado, inquieto o asustado.

Los discretos y casi continuos movimientos de ojos, orejas, cuerpo y cola son el lenguaje corporal emocional, y los principales medios de comunicación de un perro. Investigadores han descubierto que los animales poseen un sistema de comunicación extremadamente refinado y sutil.

Jane Goodall y el Dr. Michael W. Fox, ambos reconocidos expertos en lenguaje corporal canino, observaron que los perro salvajes y los lobos comunican ira, dominancia, sumisión, alegría, interés, disgusto, abatimiento, afecto y miedo, usando sólo ligeros movimientos corporales.

Aunque los perros domésticos han perdido algo de su lenguaje en el contacto con los humanos, aún conservan la mayoría de estas instintivas y heredadas formas de comunicación. Con práctica, un observador sensible y con vista aguda puede aprender a leer el lenguaje corporal de un Beagle.

A medida que el dueño va desarrollando la destreza para identificar los cambios sutiles en el estado de ánimo de su mascota, su comunicación, amistad y conexión con su mascota serán cada vez más profundas y agradables.

Los veterinarios con larga experiencia a menudo leen claramente el lenguaje corporal canino, percibiendo los matices más pequeños. El Dr. Theodore Stanton, un veterinario que ha ejercido por más de cuarenta años, se ha convertido en un experto en reconocer el lenguaje corporal en perros.

Él señala: "En la mayoría de los perros, es frecuente la presencia de jerarquía entre los individuos". Y continúa: "Todos los perros asumen un rol de dominantes o de sumisos. Gran parte del lenguaje corporal canino se usa para establecer estas relaciones de dominancia y sumisión con otros perros y también con personas".

Veamos en detalle el lenguaje corporal de un Beagle.

Los movimientos de la cola de un Beagle

Un Beagle usa de alguna manera todas las partes de su cuerpo para expresar sus sentimientos e intenciones. Como en la mayor parte de los perros, su cola es la parte más llamativa y expresiva.

Existen muchos movimientos de cola. Un simple, ordinario y entusiasta meneo de cola significa "soy un tipo amistoso". Un meneo lento de la cola es la risa nerviosa de un Beagle que está avergonzado por algo. Una cola alta y meneada ampliamente significa que tu perro quiere jugar. Si la mueve entre sus patas traseras luego de que le has llamado la atención, significa que quiere reconciliarse contigo y que está arrepentido. Cuando el Beagle demuestre sumisión, sonreirá como un bobo y meneará su cola con gran entusiasmo.

Este animal levanta su cola cuando está alerta y esperando algo. Si ha encontrado a otro perro extraño o escuchado un sonido inusual, la mueve solo un poco, diciendo, "estoy preparado para el peligro, estoy preparado para cualquier cosa".

Una cola erguida muy alta, de manera casi vertical, o arqueada sobre la espalda, denota agresión y dominancia y disposición a actuar si es necesario. En cambio, un Beagle con la cola baja y entre sus patas traseras está diciendo, "Tengo miedo y me voy de aquí".

El olfateo de un Beagle

En la mayoría de los casos el olfateo de un Beagle se realiza como método de identificación. Cuando se acerca a otro perro, lo primero que hace es olfatearlo para descubrir si es amigo o enemigo. En primer lugar, el Beagle huele el trasero; luego la cara. Es algo normal y tienden a hacer lo mismo con las personas; es bueno permitírselo sin dar signos de ansiedad.

La posición de su boca

A menudo puedes saber si a un Beagle le molesta tu presencia mirando la posición de su boca.

Cuando el Beagle tenga las comisuras de su boca estiradas hacia delante, es señal de que no quiere ser molestado. Puede ponerse agresivo e incluso atacar, especialmente si está mostrando los dientes. Sin embargo, si las comisuras de la boca del Beagle están echadas hacia atrás —como si tratara de reírse— está expresando su amistad o sumisión.

Algunos Beagle son capaces de imitar una sonrisa, algo que han aprendido de los humanos y que usan solamente con nosotros. Estos perros retraen sus labios para mostrar sus dientes delanteros en una amplia sonrisa.

Los dientes de un Beagle

Cuando un Beagle usa sus dientes para morder tus pantuflas puede estar expresando descontento, o un exceso de energía; recuerda que es un perro muy enérgico, que necesita mucho ejercicio, y si no se lo das puede empezar a morder cosas. Un Beagle con esta costumbre es un animal que está agitado.

Por otro lado, un perro que recibe mucha atención, pero que es dejado encerrado en la casa solo durante todo el día, se desquitará de esta forma. Cuando tu Beagle esté solo y triste y quiera hacer algo, se convertirá en un niño hiperactivo. Es probable que muerda todo lo encuentre en tu casa.

Comunicación con la lengua

Hablemos sobre la lengua del Beagle.

Esta raza la usa principalmente para comer y tomar agua, y para refrescarse a sí mismo, pero a la hora de comunicarse, el Beagle lame a su amo para mostrar amistad y para pedir atención. Sin embargo, un perro que lame las paredes y come polvo o suciedad busca desesperadamente atención o compañía; es algo que debes tomar en cuenta.

Observación de los ojos del Beagle

Ahora veamos cómo un Beagle usa sus ojos para comunicarse.

El movimiento de los ojos del puede indicar su estado de ánimo.

Un perro sumiso evita el contacto visual con un perro dominante —o con su dueño, si este ha adoptado la correcta posición de líder—. Uno que está tratando de reconciliarse también evita mirar directamente a los ojos.

Por otro lado, una mirada fija de un Beagle indica agresividad y significa que quiere que te mantengas a una cierta distancia.

Algo a tener en cuenta por tu propia seguridad: un perro que observa cada movimiento que realizas puede estar a punto de morderte, así que lee el resto de su lenguaje corporal antes de acercarte a él.

Elevación de orejas

Un Beagle con sus orejas levantadas y hacia delante significa que está alerta. Puede estar poniendo atención a algo que escuchó, o estar considerando la posibilidad de una pelea con otro perro, o un jugueteo amistoso con su amo.

En cambio, con orejas hacia abajo y relajadas significa que está calmado y amistoso, y si un Beagle está demostrando sumisión o miedo, mantendrá las orejas muy bajas. Por el contrario, cuando están siendo agresivos o planean serlo, las orejas estarán hacia atrás.

La voz de un Beagle

El repertorio vocal de un Beagle está compuesto por aullidos, chillidos, gruñidos y ladridos. Cuando está aburrido usualmente emite ladridos durante horas, mientras que si intenta llamar la atención sus ladridos son más agudos, a veces incluso se convierten en aullidos.

Por el contrario cuando te está diciendo "eh, no te acerques" o "no toques mis cosas" gruñirá, y si se ha hecho daño o tiene mucho miedo emitirá chillidos más o menos estridentes.

Las patas delanteras

Un Beagle a menudo usa su pata delantera para mostrar que quiere mantener la paz. La ofrece a su amo —como si saludara— como signo de sumisión: está indicando que se revolcará por el suelo si es necesario para demostrar su sumisión total.

En cambio, si levanta alternadamente ambas patas delanteras está diciéndote que quiere jugar.

La postura corporal

En un encuentro, un perro intenta establecer su posición jerárquica mediante la postura de su cuerpo.

Cuando se ven dos perros y tienen que decidir quién es el dominante, se pararán uno al lado del otro y uno de ellos actuará como diciendo: "Soy el perro más grande. Aquí mando yo".

En esas circunstancias un Beagle dominante arqueará su cuello, levantará un hombro y erizará el pelo del lomo, extenderá las cuatro patas rígidamente, y lucirá como si estuviera parado de puntillas, puede que incluso intente apoyarse en el otro.

Si se trata de un Beagle sumiso dará vueltas por el suelo, como diciendo "Soy todo tuyo. Haz lo que quieras", en cuyo caso el dominante pensará "este es un perro miedoso, él no intentará nada… No representa ninguna amenaza estando tendido ahí".

Cuando un Beagle baja la parte anterior de su cuerpo, mientras mantiene levantada la parte posterior, y entonces brinca hacia atrás y sale corriendo, está invitándote a jugar. Si por el contrario lo ves correr en círculos significa que está muy alegre por algo, como por ejemplo por tu llegada. Es un perro con mucha energía, y todo lo que implique moverse y jugar le encantará.

Es difícil distinguir el estado de ánimo de un Beagle que gruñe y menea su cola al mismo tiempo. Puede ser amistoso o sentir curiosidad por ti; también puede sentir que debe defender su territorio. Ten cuidado. Este Beagle puede ser agresivo y hostil, pero teme no poder defenderse; a menos que descubras tus verdaderas intenciones, lo mejor es que seas precavido y que pongas mucha atención.

Errores al entender el lenguaje corporal de un Beagle

Normalmente no es demasiado difícil interpretar el lenguaje canino; en general es sencillo, pero algunas veces puede ser engañoso.

Por ejemplo, si un Beagle está asustado o enfadado puede que intente atacarte. Un buen indicador de su nivel de ira es el ángulo de su cola: si te acercas y mantiene su cola levantada y se pone aún más agresivo, probablemente está preparando para morder.

En cambio si el Beagle baja su cola y se tranquiliza, puede que quiera ser tu amigo. Sin embargo, si eriza el pelo del lomo, incluso aunque tenga su cola baja, aún es peligroso y deberías mantener la distancia.

Debes tomar en cuenta todos los indicadores de comunicación corporal para entender lo que está intentando decirte tu perro, incluso los gestos más pequeños.

Algunas cosas que probablemente ignoras

Es probable que tu Beagle tenga algunas predilecciones que nunca habrías sospechado y que probablemente nunca aprobarás.

Por ejemplo los más inteligentes pueden hacer teatro; si lo tienes fuera, en el patio, y lo has dejado entrar algunas veces porque lo veías tiritar por el frío —aunque un perro no tiembla por eso—, entonces es posible que continuamente tirite estando fuera para que lo entres de nuevo.

Este teatro se puede aplicar a otras muchas cosas. Por ejemplo, si le ha ladrado por error a su dueño —porque se ha acercado por detrás y lo ha sorprendido, por ejemplo— se retorcerá inmediatamente y echará a correr como si estuviera jugando, aunque no fuera su intención, o incluso le ladrará a otra persona.

Una señal universal de amor

La mayoría de los perros utilizan un lenguaje corporal no ambiguo, como cuando te pone ojos tiernos y te coloca el hocico en la rodilla: está comunicándose con su lenguaje de amor que lo ha hecho el mejor amigo del hombre por miles de años, y ningún dueño de perro ha necesitado alguna vez instrucciones sobre lenguaje corporal canino para entender este mensaje.

Comunicación y comportamiento de un Beagle

Muchos dueños de Beagle no se dan cuenta de la capacidad que tienen sus perros para interpretar y entender nuestro lenguaje corporal. Es algo muy importante para que tu perro escuche y obedezca tus órdenes: usar un correcto lenguaje corporal también puede hacer que tu amiguito canino deje de comportarse inadecuadamente.

Veamos un ejemplo muy común:

Un Beagle muy emocionado que le gusta saltar encima de cualquier invitado que entre por tu puerta. Todos hemos vivido esta experiencia con nuestro amiguito alguna vez. Cuando llegan invitados a tu casa tu Beagle rebosa de alegría y entusiasmo. ¿Tendrán golosinas? ¿Cómo huelen? ¿Querrán jugar? ¿Salto sobre ellos y salgo de mis dudas? Esto es exactamente lo que pensaría tu perro si tuviéramos que descifrar su conducta emocional.

Y mientras tanto, intentas por todos los medios impedir que tu Beagle de 20 kilos salte encima de tus invitados, los tire, los empuje, los golpee o los arañe. Le gritas, pero esto sólo parece emocionarlo más; le das órdenes para que deje tranquilos a tus invitados, pero nada funciona. Estás estresado y brusco, y finalmente todo termina siendo un caos.

¿Te das cuenta ahora cómo tu lenguaje y tu forma de comunicar influyen en la conducta de tu Beagle? Actuando de esta manera sólo empeoras la situación, en lugar de cambiar la conducta de tu perro.

Ahora entiendes que tu lenguaje corporal y nerviosismo sólo provocaron que tu Beagle se sienta más entusiasmado con lo que está haciendo. Por lo tanto, debes abordar la situación de otro modo.

A continuación se presentan algunos consejos básicos sobre lenguaje corporal que puedes usar:

1. Cuando estés enojado con tu Beagle, no lo persigas por la casa. Puedes estar molesto con él, pero en realidad tu perro piensa que estás jugando y no cesará de dar vueltas todo el tiempo. Al fin y al cabo, jugar a perseguirse es muy común entre los caninos.

2. Cuando le des una orden a tu Beagle, asume una posición erguida. Ponte de pie, saca el pecho y echa la cabeza hacia atrás. Tu perro te tendrá más respeto, lo cual puede ayudar en el adiestramiento.

3. Si tu Beagle está muy emocionado, entonces no hagas las cosas más difíciles siendo tan enérgico. En lugar de eso, muévete con lentitud y habla usando un tono de voz tranquilo. Muestra la misma conducta que quieres que tenga tu perro. Esto lo calmará y será mucho más fácil cambiar su conducta.

Bases del entrenamiento

El entrenamiento canino es el proceso de enseñar a un perro a mostrar cierto comportamiento deseado en circunstancias específicas.

Por naturaleza son animales que viven en jerarquía, y sus instintos básicos nos favorecen para dar inicio a su educación. Cuando el perro vive con humanos, esos instintos se manifiestan como un deseo por agradar al líder, actuando del mismo modo que harían con el jefe de su manada en los bosques. El líder es el que mantiene estabilidad en el grupo.

Entrenamiento Básico

La mayoría de los perros, sin importar su educación, viven con personas, y es por ello que deben ser una agradable compañía y tener un buen comportamiento, por su seguridad y la tuya. Los perros no aprenden a obedecer por sí mismos; deben ser entrenados.

La mayor parte del proceso de formación de un perro no es realmente acerca de ellos, sino de la educación de los propietarios. Por naturaleza los perros tienen ciertas actitudes según la condición en la que viven, y el propietario tiene que aprender a utilizar estos instintos para entrenar a su mascota con eficacia. Esto puede ser tan simple como el hecho de que los perros tienden a repetir el comportamiento si son premiados, y sin embargo, encontrarás que en muchos casos de «perros problemáticos» el dueño recompensa equivocadamente y si darse cuenta.

El perro puede enviarse a una escuela de formación, pero el propietario debe saber cómo y por qué se comporta su mascota de determinada manera, y cómo utilizarlo y reforzarlo. El dueño puede aprender en esta guía lo necesario para entrenarlo con eficacia.

Mantener A Tu Perro Mentalmente Estimulado

Recuerda: los perros aburridos, sobre todo si son tan enérgicos como el Beagle, causan problemas. Si no mantienes su mente estimulada lo más probable es que busque su propio ocio y que no te resulte agradable.

Un perro estimulado es un perro feliz con buenos comportamientos. He aquí una lista rápida de cómo mantener a tu perro estimulado:

1. Ejercicio. Los perros necesitan mucho ejercicio. Si puedes incorporar ejercicio con otra actividad, como jugar a «encontrar la pelota», o hacer algunos ejercicios de agilidad, entonces es aún mejor.

2. Los juguetes rompecabezas. Hay juguetes interesantes que en realidad desafían la mente de tu perro. Por ejemplo, uno de los más populares y queridos es el Buster Cube, un cubo de plástico que libera una bolita de comida después de ser girado varias veces.

3. Rutina. Pequeñas rutinas realizadas a la misma hora del día, todos los días. Por ejemplo: hora de la comida, el aseo, paseos, tiempo, viajes en coche alrededor de la ciudad, etc... A los perros les gusta la rutina.

4. Utilidad. A ellos les gusta sentirse útiles. Enséñale a recoger el periódico, a traer el correo del buzón o salir contigo cuando tiras la basura.

5. La obediencia. Esto requiere que tu perro utilice su cerebro y piense. Saber que será alabado por tomar la decisión correcta y corregido por tomar la decisión

equivocada —y permitiéndole tomar la decisión correcta de nuevo— le infunde un sentido de la responsabilidad y le exige que utilice su cerebro.

Cuando tengas a tu Beagle en casa, su comportamiento ya habrá sido muy influenciado por su madre y sus hermanos.

He aquí un ejemplo: si su madre ladró para atraer algo de atención, sus cachorros probablemente se comportarán de la misma manera. Las experiencias que se producen entre tres y doce semanas de vida son cruciales en el desarrollo de la personalidad de un perro.

El mejor momento para adquirir un cachorro es cuando está cerca de las ocho semanas de edad. De esta manera te aseguras de que tu mascota tenga experiencia suficiente para aprender.

Juguetes Caninos

Pasar tiempo con sus juguetes le proporcionará estimulación física y mental. Averigua qué juguetes le gusta al Beagle —a menudo tienen favoritos—, pero asegúrate de que los juguetes son diferentes de otros artículos domésticos, como los zapatos. También puedes utilizar su juguete favorito como recompensa durante el entrenamiento.

Aprende Jugando

Puedes jugar activamente con tu perrito, pero tienes que asegurarte de que eres tú quien tiene el control y eres el líder a los ojos del cachorro.

Mientras juegas observa el comportamiento del Beagle. Si está a punto de sentarse, emite el comando «siéntate». Esto le da al cachorro alguna asociación temprana con comandos básicos y lo que significan.

Dar Recompensas Inmediatas

Cuando el cachorro obedece una orden debes ofrecerle una recompensa inmediata, como caricias o alabanzas. Recuerda: tú eres el miembro dominante de la manada, lo que significa que siempre debes tener el control.

Los Hábitos Que Pueden Durar Toda La Vida

Si llevas constantemente en brazos un cachorro cuando es muy joven, se esperará un trato similar cuando se sienta inseguro como adulto. Tenlo en cuenta. Como leerás más adelante en esta guía, esto a menudo puede ser la raíz de algunos problemas de comportamiento, como saltar sobre la gente, mientras que de hecho, este problema suele haber sido causado por el propietario estimulando tales actitudes a una edad temprana: basta con decirle lo tierno que es y mecerlo en brazos para que considere que subirse a tu regazo es algo bueno.

Estimulación Activa

Los Beagle estimulados activamente entre la edad de tres y doce semanas se convierten en adultos obedientes y capaces de asimilar todo tipo de situaciones. Un cachorro aprende mejor mediante la observación del comportamiento de su madre.

Evitando Miedos Caninos

Debes vigilar todas las actividades que haga para garantizar que en las situaciones aterradoras que se encuentre sepa desenvolverse sin miedo. Los temores aprendidos a una edad temprana pueden convertirse en fobias a menos que se superen con entrenamiento.

Socializar

Todos los perros deben aprender a comportarse adecuadamente, tanto con su propia especie como con los demás, especialmente las personas. Esto no siempre es una tarea fácil, así que el mejor momento para aprender es cuando todavía son muy jóvenes. Con menos de cuatro meses de edad es mejor.

Cuando sea posible, asegúrate de que el Beagle se reúne con otras especies tales como los gatos y los caballos cuando todavía es joven. He aquí por qué: la socialización con otros seres reduce la probabilidad de futuros problemas. Con el consejo de tu veterinario o club de formación canina local, es una buena idea participar en supervisadas reuniones, semanales a ser posible. En estas reuniones los cachorros aprenden a responder a otros perros y a los extraños de una manera controlada.

Privación Social

Los perros que carecen de experiencias sociales pueden llegar a ser muy difíciles de entrenar. El restringir contacto con la gente cuando el cachorro es joven puede causar limitaciones en la capacidad del Beagle para obedecer órdenes.

Antes de comprar un perro, intenta saber lo máximo posible sobre sus experiencias. Cuanto más se ha relacionado en la juventud, mayor es la probabilidad de responder bien al entrenamiento.

Los cachorros criados sin apenas contacto con la gente pueden ser muy difíciles de entrenar sin la ayuda de un profesional canino. Recuerda hacer preguntas sobre la experiencia del animal antes de llevarlo a casa.

Las Primeras Experiencias Del Cachorro

El entrenamiento del Beagle empieza prácticamente desde el nacimiento. Los perros que tratan con los humanos regularmente durante las ocho primeras semanas de vida están mucho más dispuestos a ser entrenados. Idealmente, los cachorros deben ser acomodados en su casa definitiva cuando tienen entre ocho y diez semanas de edad. En algunos lugares es ilegal tener cachorros lejos de su madre antes de esa edad, pues todavía tienen que aprender habilidades de socialización.

Los cachorros son más miedosos ante cualquier novedad entre las diez y las doce semanas, lo que hace que sea más difícil para ellos adaptarse a una nueva casa.

Los Beagle pueden empezar a aprender trucos y órdenes entre las ocho y las doce semanas de vida; las limitaciones son la resistencia, la concentración del cachorro y su coordinación física, pero las tres cosas se solucionarán con el tiempo.

Es mucho más fácil vivir con perros jóvenes que ya han aprendido los comandos básicos como «siéntate». Que el animal sea un adulto que haya aprendido malos hábitos hace que la formación sea mucho más difícil.

¿Quién Es El Líder?

Una de las cosas que se pueden hacer desde el principio es mostrarle que tú eres el líder.

Enseñándole que tú eres el jefe o alfa obedecerá con más facilidad. Tu Beagle piensa que tú eres un miembro de su manada. Así es cómo los perros ven sus relaciones con los propietarios. En una manada siempre hay un alfa.

El macho alfa es el líder al que los perros respetan y siguen. El alfa es el más poderoso de la manada, y eso lo hace respetable.

Necesitas demostrarle que tú eres el líder mientras siga siendo un cachorro, si es posible. Si no eres capaz de demostrar que tú eres el alfa, el perro puede llegar a ser agresivo y dominante. Los perros serán más felices si saben que tú eres el jefe. Les harás ganar seguridad y confianza en sí mismos gracias a ti.

Como líder, tu forma de liderar debe ser con la utilización de una voz firme y profunda, dando recompensas cuando el buen comportamiento está presente y reaccionando con indiferencia hacia situaciones que hacen que el perro esté nervioso.

Si tu Beagle se ha desarrollado completamente, todavía es posible que seas el jefe con sólo seguir los mismos criterios que antes, aunque puede ser más difícil si el perro no es joven.

Motivación Positiva

El entrenamiento con recompensa se ve como el método más moderno de la formación de un perro, y los resultados son mejores que otros. Es posible que este tipo de enseñanza haya existido desde que hay perros para entrenar.

Muchos de los principios modernos del entrenamiento con recompensa datan de hace muchas décadas. Sin embargo, solo se han utilizado en los últimos diez o quince años.

A muchos entusiastas del entrenamiento con recompensa les disgustan los otros métodos de entrenamiento, como el método tradicional de la correa y el collar. Sin embargo, el mejor método para la formación de cualquier perro es a menudo una combinación de ambos medios.

¿Qué Es El Adiestramiento Con Clicker?

El adiestramiento con clicker es una de las formas más populares de entrenamiento. Aunque no es la respuesta para todos, puede ser un método muy eficaz para la formación de muchos perros. En el entrenamiento con clicker, el perro aprende a asociar un sonido con una recompensa, como un regalo. El entrenador hace clic en el objeto cuando el perro hace algo bueno, seguido inmediatamente por un premio. Eventualmente, el perro aprende a responder al sonido.

En el adiestramiento con recompensa se utilizan premios como comida —o algo asociado a la obtención de alimentos— o elogios. En la mayoría de los casos, los comportamientos complejos sólo pueden ser enseñados con el uso de este tipo de entrenamiento de refuerzo positivo; descubrirás que las personas que entrenan perros para películas y la televisión lo hacen con el entrenamiento de la recompensa casi de forma exclusiva.

El entrenamiento con recompensa a veces incorpora el uso de un señuelo con el fin de conseguir que el perro esté en la posición deseada. El señuelo se utiliza para mostrar el comportamiento deseado y por su propia voluntad; así consigues que el perro muestre una conducta sin tocarlo.

~ Perro-Obediente.com ~

Una vez realizado el comportamiento deseado, se le da una recompensa, también llamado un «refuerzo positivo». Se usan obsequios como refuerzos, pero la alabanza, como «buen perro« —en un tono de voz positivo— o una palmadita en la cabeza, también puede ser una recompensa efectiva.

Muchos entrenadores de perros cometen el error de realizar el entrenamiento en la casa o patio trasero, y solo cuando el líder está ahí. Con el fin de que se convierta en un compañero fiel y obediente, el perro debe ser sacado fuera de los límites de su zona de seguridad y enseñarle situaciones nuevas.

También es importante hacerle entender que debe prestar atención al entrenador: tener la atención del perro significa tener el control. El entrenamiento con recompensa es muy eficaz para conseguir respeto y atención.

Motivaciones Positivas Y Negativas

Hay detalles que deben recordar cuando empiecen con el entrenamiento canino. Hay una gran cantidad de diferentes técnicas de adiestramiento. Con tantos tipos, a veces es difícil saber qué técnicas funcionan mejor.

Una de las cosas que a menudo confunde es cuándo es el momento para recompensar y cuándo reprenderlo.

La reprimenda no debería ocurrir a menudo, ya que los perros, no importa su raza, responden mejor al refuerzo positivo. Y antes de aprender cuándo reñirle, debes aprender cuándo recompensarle.

Debes recompensar a tu Beagle cuando haga lo adecuado, como por ejemplo cuando se sienta, permanece quieto, orina donde debe, etc. Las recompensas que utilices pueden ser elogios, palabras amables, acariciarle la panza, palmadita en la cabeza, o una golosina.

Los perros aprenden rápidamente gracias al entrenamiento positivo. Obedecen para hacerte feliz, motivo por el que este adiestramiento es tan efectivo. Sin embargo, asegúrate de que nunca se recompensa un mal comportamiento. Ten en cuenta que tu mascota no será siempre un cachorro: no recompenses los comportamientos que no serán deseados cuando se trate de un perro adulto y grande, como saltar sobre la gente.

Regañar a tu mascota es algo que no se debe hacer a menos que sea necesario. Por ejemplo, cuando tu perro salta sobre alguien, orina en mal lugar, ladra, gruñe, tira de la correa, destruye algo, etc, solo debes reprenderlo si lo ves hacer algo mal, de lo contrario no se dará cuenta de lo que hizo. La reprimenda utilizada para este entrenamiento canino debe ser un rápido y agudo «no». Tu tono debe ser enojado, pero recuerda: corto y rápido.

También ten en cuenta que si constantemente haces esto, tus palabras terminan siendo ignoradas. Eso sí, nunca pegues, golpees a tu mascota, ni la regañes a menudo, ya que esto solo dará más problemas en el futuro.

Esto es lo que necesitas saber para determinar cuándo reprender o recompensar durante el entrenamiento. Recuerda que debes ser paciente, porque tu Beagle está aprendiendo y haciendo todo lo posible por complacerte.

Con un poco de amor y consideración deberá hacer bien su entrenamiento, lo que será una experiencia gratificante para los dos.

Cómo Funciona El Entrenamiento Canino

La gran parte del entrenamiento gira en torno a enseñar a tu Beagle las consecuencias de su comportamiento, con la esperanza de influir en la conducta que tendrá en el futuro. La forma de actuar se define en cuatro tipos de consecuencias:

—El refuerzo positivo añade a la situación la posibilidad de que la conducta que hizo se repita —por ejemplo, ofrecerle un premio cuando se sienta—.

—El refuerzo negativo quita algo a la situación, aumentando la posibilidad de que la conducta que realizó aparezca de nuevo —por ejemplo, destensar la correa cuando el animal está tranquilo—.

—El castigo positivo añade algo a la situación para disminuir la posibilidad de repetir el comportamiento —por ejemplo, gruñendo a un perro que se porta mal—.

—El castigo negativo quita algo de la situación para disminuir la posibilidad de repetir el comportamiento —por ejemplo, caminar lejos de un perro que salta sobre las personas u animales—.

La mayoría de los adiestradores dicen utilizar «métodos de entrenamiento positivo», pero en este caso «positivo» no significa lo mismo que en el condicionamiento operante.

«Métodos de entrenamiento positivo» se entiende en general como el uso de la formación canina basándose en la recompensa para aumentar el buen comportamiento sobre la de los castigos físicos para disminuir el mal comportamiento.

Recompensas Para Perros

Los refuerzos positivos pueden ser cualquier cosa que el Beagle encuentre gratificante —golosinas especiales, la oportunidad de jugar con un juguete del tirón, la interacción social con otros perros, o la atención de los dueños—. Cuanto más gratificante encuentre el refuerzo, más trabajo estará dispuesto a hacer para obtenerlo.

Si se utiliza comida como refuerzo se corre el riesgo de llegar al sobrepeso. Para evitarlo hay que extraer de su comida normal la cantidad correcta que se utiliza para las recompensas.

Algunos entrenadores pasan por el proceso de enseñar a un cachorro a desear fuertemente un juguete en particular, con el fin de hacer de ese juguete un reforzador positivo. Este proceso se llama «construcción del instinto de presa», y se utiliza comúnmente en la formación de Detección de Narcóticos y Servicio de Perros Policía. El objetivo es conseguir que un perro funcione de forma independiente durante largos períodos de tiempo.

Algunos entrenadores creen que el juguete actúa como un reforzador positivo, cuando con toda probabilidad el instinto de presa trabaja en un nivel completamente diferente de entrenamiento y acondicionamiento estándar de técnicas. Esto se ve claramente en el hecho de que, de acuerdo con las leyes del condicionamiento operante, los refuerzos positivos pierden su eficacia si se les da cada vez que un perro hace lo que se le manda; cuanto más predecible es el reforzador, menos fiable es el comportamiento. Sin embargo, los perros detectores sólo funcionan bien cuando son siempre recompensados con el juguete en cuestión.

La razón de esta diferencia es que cuando un perro está entrenado a través del instinto de presa, la formación activa una instintiva y automática secuencia que tiene que ser completada para que el perro se sienta satisfecho. Esa secuencia es: búsqueda, acecho, persecución, marcar, y morder. Así que cuando un perro hace búsquedas y halla drogas o explosivos, siente que no ha terminado su trabajo a menos que pueda morder algo. Es la razón principal que ha dado siempre el juguete. En realidad no es un reforzador positivo: es un medio para completar la secuencia depredadora del perro.

Castigos

El «castigo positivo» es probablemente la consecuencia menos utilizada por los actuales entrenadores de perros, ya que se debe usar con mucho cuidado. A un Beagle generalmente sólo se da este tipo de castigo si intencionalmente está desobedeciendo al propietario. Castigar a un perro que no entiende lo que se le está pidiendo no sólo es injusto para él, sino que puede hacer del animal un trabajador temeroso o indeseado.

Los castigos son administrados únicamente según la personalidad, la edad y la experiencia del perro. Un fuerte «no» funciona para muchos perros, pero algunos muestran signos de miedo o ansiedad con las duras correcciones verbales. Por otra parte, otros con temperamentos «más duros» pueden ignorar una reprimenda verbal, y pueden reaccionar mejor si se añade una corrección física, como una rápida sacudida de un collar de entrenamiento.

Los entrenadores generalmente aconsejan mantener la mano en contacto con el perro para las interacciones positivas; si las manos se utilizan para amenazar o herir, algunos perros pueden empezar a mostrarse defensivos cuando los acaricien.

Evitando Castigo

Mantener un cachorro con una correa en situaciones difíciles o en su jaula o cajón cuando no sea supervisado de cerca impide que el Beagle se meta en situaciones que de otro modo podrían invitar una dura reacción de su propietario, tales como masticar un par de zapatos favoritos.

El Comando De Voz

Al dar órdenes a un Beagle necesitas un ambiente tranquilo y una voz firme y autoritaria. Los perros no responden bien a los vacilantes, suplicantes, ni a los gritos, que podrían sonar como amenazas, ladridos o regaños.

También es importante que la palabra y el tono de la voz sean consistentes cada vez que le das una orden, para que pueda aprender más fácilmente lo que significa —«sieeeeeenta» no suena igual que «sienta»—.

Usar el nombre de tu Beagle antes del comando asegura que sepa que es para él y no para otros perros, niños o personas, y que debe prestar atención. Es importante, porque los perros escuchan un montón de expresiones humanas que no tienen relevancia, y es fácil para ellos ignorar comandos entre el balbuceo.

Para reforzar el comando el Beagle debe conseguir algún tipo de recompensa o refuerzo —alabanza, golosina o juguete— al realizar la acción correctamente. Esto le ayuda a entender que lo ha hecho bien.

Ten en cuenta que no todos los perros se entrenan para seguir órdenes verbales. Muchas razas, en especial las de trabajo, no aprenden esa clase de directrices, sino que se les enseña a obedecer silbidos y señales manuales. Del mismo modo, los perros sordos son perfectamente capaces de aprender a obedecer las órdenes visuales.

~ Perro-Obediente.com ~

Muchas clases de obediencia aleccionan sobre señales manuales para los comandos más comunes, además de las verbales. Pueden ser útiles en situaciones en que hay mucha distancia, y en competiciones de obediencia avanzada.

Las palabras en concreto no son importantes, aunque comúnmente palabras en español incluyen «sienta», «échate», «ven» o «vete». Lo importante es que sean claras y concisas, fáciles de entender y de recordar para ti, para tu perro y para otras personas que necesiten ordenarle algo en tu ausencia.

Los perros pueden aprender órdenes por cualquier medio u idioma, incluyendo silbidos, sonidos vocales, gestos con las manos,… Las combinaciones son infinitas.

Comandos Invisibles

Los perros a veces pueden responder a variaciones sutiles en el lenguaje corporal del propietario. Dos ejemplos:

1.   Muchos propietarios tienden a empezar a inclinarse antes de decirle a su perro el comando «échate». Por esto el animal comienza a entender el lenguaje corporal de su dueño, así que se tumba cuando este se inclina… pero no si se queda erguido y le da la orden.

Solución: siempre da la orden primero. De esta manera el perro va a vincular el comportamiento con el comando sin equivocarse.

2.   Los paseadores amateur tienden a decir a su perro «talón» y luego caminar con los hombros inclinados hacia el animal, para que lo mire mientras caminan. El problema es que el perro lee el lenguaje corporal e intenta alinearse con los hombros, quedando por lo tanto detrás del propietario en lugar de caminar a su lado como debería.

Solución: mantén los hombros hacia adelante al caminar. Si quieres mirar a tu Beagle debes mover tu cabeza y nada más. Esto lo mantendrá alineado justo junto a ti.

En general es útil entender cómo tu lenguaje corporal afecta a tu perro para saber qué debes o no debes hacer al darle órdenes.

Solucionemos los problemas comunes del Beagle

En las primeras páginas, cuando hablábamos de la raza de tu perro, ya hemos hablado de los problemas más comunes asociados al Beagle.

Y ahora tranquilo, vamos a hablar de cómo solucionarlos.

Comencemos:

Escapismo

Nunca se debe permitir que tu Beagle se escape de tu casa y vague por el barrio. Eso es irresponsable por tu parte. También puede representar un peligro para tu perro y los residentes en la zona. En la mayoría de lugares, estás obligado a tener una correa en el perro. Si permites que esto suceda, te podrías meter en problemas y probablemente enfrentes una multa.

Hay veces en las que no tienes la culpa de que el perro se haya extraviado. Algunos perros trabajarán un plan de escape por sí mismos. Una vez que salgan, van a ir detrás de cualquier cosa a la vista. Eso incluye a las personas, los coches o cualquier cosa que haga un movimiento. Trabajar para evitar que esto suceda es más fácil, que tratar de llegar a su perro de nuevo una vez que han salido.

Una de las cosas que puedes hacer es eliminar cualquier cosa que provoque a tu perro para escapar. Debes mantener ocupado a tu Beagle. Si están aburridos, ellos van a querer escapar y se preparan para hacerlo. Si tienen un montón de juguetes, junto con los arreglos de agua y de dormir, no van a pensar en conseguirlos lejos. Ellos estarán muy ocupados jugando y descansando.

Si tienes un perro que tiene una gran cantidad de energía reprimida, va a querer escapar. Él no está utilizando su energía y se le hace aburrido y estará ansioso por salir. Deja que el perro gaste la energía que se ha acumulado en su interior. Se sentirá mejor después.

También debes hacer su casa, así no va a ser fácil para su perro escapar. Asegúrese de que la verja es suficiente y que se va a quedar en el ambiente controlado. Si tienes un perro que tiene la costumbre de cavar, puede que tengas que colocar estacas de metal en el suelo.

También puede tener que hacer la valla más alta si tu perro tiene la costumbre de saltar. El último recurso es mantener a su perro confinado cuando no hay nadie en casa para verlo.

Es importante que hagas lo que tengas que hacer para evitar que tu Beagle se escape y vaguee en el barrio. Pueden ser un peligro no sólo para los demás, sino para sí mismos. Hay gente por ahí que no le importaría poner tus manos sobre un perro que no les pertenece. Por lo que es fundamental que se tome las medidas adecuadas para mantener a su perro y otros seguros.

Perseguir objetos y personas

Estos perros son conocidos por perseguir a los objetos en movimiento, ya sean humanos o no. Un buen ejemplo es el cartero que entrega el correo. Son objetivos comunes para perros. Otra cosa que los perros persiguen son ruedas de un coche, ya que el coche está en movimiento. Sin embargo, esto puede ser peligroso para tu Beagle.

Debes entrenar a tu perro a no perseguir a la gente y otras cosas. Cuanto antes se empiece, más posibilidades tienes de conseguir que el perro te obedezca. El mejor momento para comenzar es cuando el perro es aún joven, pero vale comenzar a cualquier edad siempre que se haga correctamente.

~ Perro-Obediente.com ~

Para empezar, no es una buena idea dejar que un perro corra libremente si no ha sido entrenado para no perseguir. Incluso si ya lo han sido, ellos todavía tienen que permanecer con una correa en público.

Cuando estás entrenando a tu Beagle, hazlo en una zona segura. Un lugar ideal sería un patio que esté vallado. De esta manera el perro será capaz de concentrarse en lo que estás tratando de hacer con él.

Quieres que tu entienda que estás tratando de enseñarle el comportamiento apropiado. Además, el perro debe tener la oportunidad de realizar el comportamiento que estás tratando de enseñarle.

También debes entrenar al perro en tu hogar. Esta es otra manera de mantenerlo en un ambiente controlado. Coloca una correa al Beagle. El perro y tú van a estar en un extremo del pasillo o un extremo de una habitación. Obtén una pelota pequeña y agítala en frente de él.

No vas a dejar que el perro toque el balón. Haz rodar la pelota al otro extremo y utiliza el comando "off", o el que quieras usar para esto. Este comando permite que el perro sepa que no van a correr detrás del balón. Sin embargo, si empieza a ir tras él, di el comando "off" de nuevo y con suavidad y firmeza tira de la correa.

Es importante que el Beagle no toque el balón en absoluto. Si usted permite que lo haga, entonces van a pensar que el comando "off" significa que pueden tocarlo. Haga esto varias veces o hasta que el perro haya aprendido lo que significa el comando. Después de que el perro ha entendido el mensaje, dale una golosina como premio para el aprendizaje de ese comando.

Intenta hacer lo mismo, pero ve a otra habitación. Repite el proceso de nuevo en varias habitaciones de tu casa. Cuando notes que tu perro ha dominado el entrenamiento, puede hacerlo sin la correa. Ten presente que debes permanecer en un área controlada. Te puedes tomar un tiempo para que tu perro consiga la caída de este. Sé paciente hasta que esté seguro de que ha aprendido a dejar de perseguir.

Haz una prueba para ver si tu perro realmente ha aprendido de su entrenamiento. Consigue a alguien para que actúe como un andador o un corredor. El perro no debe notarlo. De hecho, la persona que elijas debe ser un extraño para el perro, pero no a ti.

Mantén al perro con la correa y deja que la persona camine o trote en varias ocasiones. Durante este tiempo, haz el comando "off". A ver si el perro va a permanecer quieto o a tratar de perseguir a la persona. Si trata de correr, con suavidad y firmeza tira de la correa. Si se queda quieto, puedes darle una recompensa.

Ladrido Excesivo

Muchas personas tienen este desagradable problema con su perro: el ladrido.

Hay quien considera que es el modo en que un perro se comunica, pero eso es muy simplista. El canino posee una sofisticada comunicación que no se limita a ese sonido que puede llegar a ser molesto, sino que incluye otra clase de ruidos mucho más leves, como gruñidos, gañidos, jadeos y aullidos. Incluso tienen un amplio espectro de gestos no verbales que forman parte de su comunicación.

Como ves, el ladrido en sí significa muy pocas cosas. Por tanto, si sabemos cómo hacerlo, podemos controlarlo.

El problema es que muchas personas no saben por qué un perro ladra; de hecho a menudo el propio dueño ha estimulado ese comportamiento que ahora le molesta. ¿No es curioso?

La cuestión es la siguiente: y es que nosotros, por más que queramos pensar de otro modo, no sabemos tanto sobre perros. El propietario medio no lo sabe todo sobre perros. ¡Vaya, nadie lo hace! Pero sí debe poseer un conocimiento básico, como por ejemplo… ¿qué lleva a un perro a ladrar?

Si tienes problemas con eso, ¡no te apures! Estoy aquí para ayudarte.

~ Perro-Obediente.com ~

¿Por qué ladra mi perro?

Entendemos que el ladrido es parte de la comunicación de un perro, si bien una parte muy pequeña. ¿Y qué significa?

Puede significar varias cosas. Procedemos a ver las más importantes:

¡Eh, hazme caso!

El perro es un animal social. Quiere y necesita contacto, compañía e interacción. Si considera que no tiene suficiente de esas tres cosas, si se siente solo o piensa que no tiene tu atención, entonces buscará métodos por conseguirla. Cualquier método.

Los perros no adquieren esta conducta de la nada. A menudo, y sin que nos demos cuenta, los propietarios los alentamos.

Por ejemplo. Tu perro se te pone delante y empieza a ladrar. Tú dices "¡Oye! ¿Qué te pasa?", lo miras y lo acaricias. Le prestas atención.

Para él, incluso si dices "Oye, ya vale" y le avientas un golpe, ya estás haciéndole caso. El ladrido FUNCIONA. Y eres tú, como el dueño que le dice que se calle, quien alienta ese comportamiento.

Miedo

Hay perros más miedosos que otros, y uno de los miedos más grandes del perro es a los ruidos fuertes: fuegos artificiales, petardos, motores de coches, truenos... Esas cosas alteran a los más asustadizos. Algunos reaccionan temblando. Otros, ladrando como locos.

Tiene sentido que así sea. El ladrido es una de las primeras defensas de un canino: provocar un gran ruido que espante el peligro. Un perro asustado ladra antes que gruñir o morder, y ataca cuando se siente acorralado. Pero no puede sentirse acorralado por algo que no puede ver, con lo que sigue ladrando, desesperando por hacer callar ese terrible sonido que lo asusta tanto.

No obstante, también puede sentirse atemorizado por otras cosas. Puede tener miedo al veterinario, por ejemplo; a los desconocidos, por una falta de socialización durante su etapa más joven; a otros animales, por el mismo motivo. Puede haber desarrollado algún trauma que ahora le provoque miedo ante situaciones cotidianas.

Todas las situaciones de estrés o temor pueden provocar el ladrido. Es una reacción natural, y una reacción que tú, como dueño, puedes corregir. ¡Ya lo verás!

Sobreexcitación y energía excesiva

¡Ah!, qué adorable el perro que se pone como loco cuando vuelves a casa, que ladra y salta y te saluda con todo su amor… Al menos, es adorable las primeras cien veces. Después estás volviendo de un agotador día de trabajo y tienes una fuerte jaqueca, y el perro no se calla.

Sencillamente, no se calla. Ladra sin parar porque has vuelto a casa después de horas sin verte… o solo diez minutos.

O puede que haya una visita y él ladre de contento porque hay gente nueva en casa.

O puede que se dedique a correr como un loco todo lo largo y ancho de la casa mientras ladra como un loco, y tú no tienes ni idea de por qué.

Bien, todo se reduce a lo mismo: está sobreexcitado, lo que viene de un exceso de energía.

Ambas cosas son lo mismo, aunque con un nombre distinto. Verás: un perro con exceso de energía se altera con más facilidad, se emociona, se asusta, se enfada o se pone contento, todo más rápido, y sus estallidos emocionales carecen de control. Necesita librarse de esa energía. Lo necesita desesperadamente.

Y muchas veces, para lograrlo, ladra. Ladra porque eso lo ayuda a gastar energías que tiene en exceso. Y ladra por todo,

porque está contento, porque está aburrido, porque tiene hambre…
por todos los motivos imaginables.

Solucionar el ladrido excesivo

Y ahora lo que estabas esperando, mi querido lector…
Distintas soluciones para diferentes tipos de ladrido.

Tu Beagle ladra porque quiere tu atención

En este caso la solución es muy fácil. De verdad, si la
piensas puedes adivinarla muy fácilmente.

Eso es. No le hagas ningún caso.

Pero, ¡claro!, decirlo es muy sencillo… hacerlo, no tanto.
Porque cuanto más tiempo hayas pasado reforzando este
comportamiento —prestándole cualquier clase de atención cuando
ladra—, más le costará aceptar que ladrar ya no le va a servir.

Así que tienes que tener en cuenta lo siguiente: vas a tener
que ignorar muchísimos ladridos.

No obstante, sé que eso es muy difícil. ¿Cómo vas a tolerar
que ladre sin parar? No, imposible. Por tanto, mi recomendación
es que aproveches sus ladridos todo lo que puedas para enseñarle a
callar cuando se lo digas. ¿Cómo? Bien, sigue leyendo; en el
último capítulo te lo enseñaré.

Tu perro ladra porque tiene miedo

Si el ladrido de origina por el miedo, entonces no te sirve de nada tratar el ladrido en sí: es un síntoma de algo más grande y más peligroso.

Para arreglarlo, tienes que saber muy bien de dónde viene el ladrido, qué lo origina. Al fin y al cabo hay muchas clases de miedo, y cada una debe ser tratada de una manera específica.

Por ejemplo, si tu Beagle ladra a personas en la calle y parece que va a morder, puede que quieras atajar primero un problema de agresividad… Es un tema totalmente distinto al del ladrido, que debe ser tratado de una manera muy diferente; pero si crees que puede ser tu problema, entonces te recomiendo echarle un vistazo a la guía sobre agresividad canina.

Si, por el contrario, tu perro le ladra a sonidos u objetos, entonces necesitas acercarlo paulatinamente a la fuente del temor, siempre procurando que se mantenga tranquilo y recompensándolo por ello.

El acercamiento —que no es la inmersión— es un proceso muy lento y delicado. Necesitas conocer muy bien a tu perro, sus gestos y, sobre todo, en qué punto empieza a estar nervioso o asustado.

Sobre todo cuando se trata de un sonido puede ser algo difícil y necesitas mucha inventiva, pero en esencia lo que debes hacer es asegurarte de exponer a tu perro a esa fuente de miedo, de una manera controlada por ti. Tienes que parar cuando él se ponga nervioso, y mientras esté tranquilo, recompensarlo profusamente por ello.

Tengo una guía especializada para perros con problemas de miedo a sonidos fuertes, como fuegos artificiales o truenos. Te recomiendo echarle un vistazo si te encuentras con un compañero atemorizado por estas cosas.

Tu Beagle ladra porque está sobreexcitado

Este es el caso más común, y el que los dueños tienden a entender menos. Ahí va un hecho indiscutible: los perros necesitan ejercicio.

De hecho toda criatura viva lo necesita, en mayor o menor medida, pero nosotros podemos suplirlo con movimiento en casa, ir a trabajar, o el desgaste mental del trabajo y los quehaceres diarios.

El perro, en cambio, no puede desgastar su energía fácilmente. ¿Y qué pasa cuando no lo hace? Que comienza a tener comportamientos que encontramos desagradables, como el ladrido excesivo entre otros.

Una actitud de sobreexcitación tiene el origen en la energía excesiva, como ya hemos dicho. Entonces, ¿cómo se soluciona? Es fácil, ¿verdad? Tu perro necesita más ejercicio.

No basta con mandarlo a correr. Necesita paseos, ejercicios en casa, juegos… Necesita mucho para desgastarse, y debes adaptarte a su ritmo.

Puedes aprovechar todo ese ejercicio de una manera productiva, no obstante. Por ejemplo, para enseñarle trucos, las normas de la casa, a ser obediente… ¡Las posibilidades son infinitas!

La Orden de callar

Y ahora viene la parte más importante de esta guía: saber exactamente cómo enseñarle a tu Beagle a callar cuando se lo ordenes.

En realidad no es diferente de enseñarle cualquier otra orden o truco. El mecanismo es el mismo: tienes que recompensar aquello que quieres que se repita, en este caso, el silencio cuando le digas «calla».

El problema está en encontrar el momento correcto para recompensar a tu perro, para no darle a entender que le estás recompensando por ladrar. ¡Eso sería contraproducente!

Ahí va el truco: haz algo que lo inste a callar.

Esto varía según el individuo. Hay perros que cuando te oyen hablar, guardan silencio; entonces es fácil, porque solo le tienes que dar la orden y premiarlo porque ya se ha callado. Para otros, es útil una larga y seria mirada mientras te quedas quieto. Algunos guardan silencio cuando su dueño se inclina hacia ellos. Para otros hay que ser más inventivo y buscar distracciones.

Experimenta con tu perro, averigua cuál es la mejor manera de conseguir un momento de silencio. Y cuando calle, rápidamente le das la orden y lo recompensas por ello. Poco a poco irá averiguando que ladrar no le sirve de nada, y en cambio estar en silencio sí.

En resumen

Paso 1

Encuentra la técnica que consiga que el perro guarde silencio el tiempo suficiente para recompensarlo. Como ya sabes, puedes probar muchas cosas, como hablarle, mirarlo en silencio o distraerlo con algo. Todo es válido, siempre y cuando NO, repito, NO le des nada, lo acaricies ni le hables tiernamente, MIENTRAS ladra.

Paso 2

Cuando tu perro calla aunque sea solo un segundo, rápidamente le dices la orden. Sirve "calla" o "silencio" o lo que gustes, tú eliges. Tiene que ser inmediato.

Paso 3

E inmediatamente después de la orden, lo recompensas. La mejor recompensa suele ser una galleta para perros, pero puedes probar distintas maneras, como por ejemplo las caricias, las palabras con cariño o su juguete favorito. ¡Experimenta!

Paso 4

Repetición. Es muy aburrido, pero la práctica hace al maestro. Cuantas más veces hagas todo esto, antes aprenderá tu perro que si calla cuando se lo dices, recibirá algo estupendo.

Paso 5

¡Disfruta del silencio cuando lo pides!

Hiperactividad

Antes de empezar el adiestramiento canino de un Beagle hiperactivo hay que entender qué es exactamente la hiperactividad. El motivo es simple: no podemos tratar un resfriado poniéndonos tiritas, ¿verdad? Es lo mismo. Si no comprendemos de qué estamos hablando, qué es en realidad lo que estamos tratando, no podemos aplicar la solución correcta.

La hiperactividad es una respuesta física exagerada hacia cualquier tipo de estímulo. Hay un movimiento en el patio, el perro se pone a ladrar como un loco, dando brincos y corriendo por todas partes. El dueño se levanta del sofá, el animal se vuelve virtualmente loco.

Al contrario de lo que mucha gente piensa, la hiperactividad no es lo mismo que la sobreactividad. La sobreactividad es cuando un perro hace mucho ejercicio, es movido, probablemente también ladre y muerda cosas.

En realidad sobreactividad e hiperactividad se parecen mucho, pero hay una serie de diferencias cruciales:

—Cuando un perro es hiperactivo es incapaz de mantener la concentración.

—El animal hiperactivo no consigue relajarse, y su temperatura y ritmo cardíaco son altos incluso cuando duerme.

—Su conducta es destructiva aunque esté delante de su dueño y éste lo regañe por ello.

Lo primero que hay que hacer si crees que tu perro sufre de hiperactividad es ir al veterinario para eliminar la posibilidad de que sea algo físico.

Si no es nada que el veterinario pueda arreglar es hora de empezar con el tratamiento.

Tratamiento para la hiperactividad

La hiperactividad debe ser tratada desde una gran cantidad de puntos. No es un proceso complejo pero sí lento, y necesita de mucha información. No se puede abordar por un lado y dejar los demás "para más tarde"; debe ser todo a la vez para que el Beagle aprenda a controlarse sin tener ninguna salida.

Normas

Ante todo hay que poner un horario. Sé que es difícil, pero esto es vital. El perro debe caer en una rutina: las comidas a la misma hora, dormir siempre lo mismo, salir siempre igual.

También hay que eliminar completamente el castigo negativo (la aparición de algo aversivo cada vez que se lleva a cabo una conducta no deseada) del adiestramiento del animal. Esto se debe a que este tipo de castigo lo estresa más, y es lo último que queremos: necesitamos que se relaje, que se tranquilice.

El elemento físico

Una de las necesidades básicas de un Beagle es el ejercicio. Es inevitable, está en su naturaleza, necesita moverse, ejercitarse.

Pues bien, suplir hasta lo imposible esta necesidad es una de nuestras tareas si queremos que nuestra mascota empiece a deshacerse de esa hiperactividad.

Hay que llevarlo a pasear, pero nada de quince minutos y de regreso. Deben ser paseos largos, cansados; es recomendable hacer recorridos de Agility, aunque no indispensable.

El ejercicio relaja poco a poco al perro gracias al desgaste energético, y a la vez lo equilibra tanto física como mentalmente, lo que nos ayuda en los otros puntos.

El elemento mental

El perro es un animal inteligente, a fin de cuentas, y necesita estimular su mente como lo necesita un ser humano. La falta de ese estímulo es otro de los motivos de su hiperactividad: una absoluta frustración nacida del aburrimiento.

Para combatirlo hay que conseguirle una gran variedad de juguetes interactivos, como pelotas que contienen golosinas en su interior o rompecabezas caninos. También se le pueden esconder trocitos de comida en los rincones de la casa para que los busque; eso

estimula su mente y también le permite hacer algo de ejercicio dentro.

Visitar lugares nuevos también puede resultar positivo. Al descubrir lugares, objetos y olores el Beagle se entretiene, lo que lo relaja.

Obediencia

Como ya he dicho, hay que renunciar al castigo negativo. Absoluta y completamente, ni un solo castigo. Queremos que el perro se relaje, no al contrario.

Para tratar la hiperactividad es VITAL decantarnos por el adiestramiento positivo, usando refuerzos positivos en lugar de castigos de cualquier tipo.

Otros puntos a tener en cuenta

El adiestramiento positivo es básicamente premiarlo profusamente cuando se calma e ignorarlo cuando se vuelve loco. Debe entender que sólo es recompensado cuando está tranquilo, y como a través de juegos mentales y ejercicio lo estamos ayudando a gastar energía, él podrá concentrarse más en conseguir esa meta.

Le jerarquía, como siempre, es vital. Hay que demostrarle quién manda para que esté más predispuesto a obedecernos a la hora de controlar su hiperactividad. Además también nos ayuda en muchas otras cosas:

—Una correcta jerarquía nos permite una mejor sociabilización del Beagle.

—Reduce la aparición de agresividad

—El animal está más dispuesto a complacernos.

—Su equilibrio físico y mental es mayor

Por otro lado, si el Perro intenta llamar la atención hay que ignorarlo. Completamente. No podemos dirigirle ni una mirada, porque eso ya es ceder a sus deseos. Tampoco podemos gritarle "¡No, perro malo!" ni "¡Chist, quieto!", porque seguimos haciendo lo que él quiere: prestarle atención.

Hay que darle la espalda, en este caso, e ignorarlo completamente hasta que deja de ladrar, saltar y perseguirnos. Con un poco de suerte incluso se sentará, mirándonos. En ese momento hay que recompensar la tranquilidad que muestra.

Conclusión

En resumen: rutina, mucho ejercicio, juegos que estimulen su mente, una marcada jerarquía en que tú eres el líder, y adiestramiento de obediencia usando refuerzos positivos. Eso es todo cuanto necesitas para luchar con la hiperactividad de tu Perro.

El proceso puede llegar a ser muy lento; recuerda que la hiperactividad ya no es una mera cuestión de ansiedad, es un Perro

~ Perro-Obediente.com ~

que ha perdido completamente el control de sus nervios, y debemos ayudarle a recuperarlo.

Debes tener mucha paciencia. No caigas en la frustración, que te llevará al castigo, y esto eliminará todo el esfuerzo que hayas podido hacer. Mientras haya una solución para este problema debes seguir luchando hasta conseguirlo.

De esta manera conseguirás que tu Beagle por fin sea tranquilo, sumiso, obediente y complaciente, pero si te rindes, o sencillamente no crees que valga la pena intentarlo, seguirás teniendo un peligroso tornado hiperactivo en casa.

Solucionemos otros problemas

Pero los perros no solo tienen problemas específicos asociados a su raza. De hecho, todos los caninos pueden desarrollar —y casi siempre desarrollan— ciertos malos comportamientos que sin duda querrías evitarte.

¡Tranquilo! También vamos a trabajar en ello. ¡Atento!

Mi perro se orina dentro de casa

Este es un problema muy común para los dueños de un Beagle, en especial si tienen poco tiempo para sacarlos a pasear. Los perros naturalmente tienden a hacer sus necesidades fuera, pero hay muchos motivos por los que pueden comenzar a hacerlo dentro; si es tu caso, entonces mi recomendación es incluir un retrete para perros en alguna parte, un espacio donde pueda acudir para hacer sus cosas sin depender de que le abras la puerta o lo lleves a la calle. ¿No es lo más justo?

~ Perro-Obediente.com ~

Y para enseñarle a usar ese retrete, aquí estoy yo para ayudarte un poco. ¿Qué necesita saber? Pues vamos a empezar.

El secreto está en el horario

Mark y Sandra Richardson adoptaron un cachorro de Beagle de 5 meses de edad del grupo de rescate animal local. El grupo le dijo a Mark y a su esposa que el perro ya había recibido educación en hábitos higiénicos. Pero la pareja pronto se dio cuenta de que esto no era verdad.

"Cuando llegamos a nuestra casa, mi esposa llevó al perro inmediatamente al patio trasero para que hiciera sus necesidades", dice Mark, "él olfateó a su alrededor, orinó un poco y luego quiso jugar, así que mi esposa lo regresó a la casa. Al cabo de 5 minutos él había orinado nuevamente y antes de que tuviéramos tiempo de llevarlo de vuelta al patio, defecó."

Aunque muchos dueños de cachorros tienen dificultades para enseñar hábitos higiénicos, realmente no tiene que ser un proceso difícil. La enseñanza de hábitos higiénicos es el proceso a través del cual le enseñas a tu perro a hacer sus necesidades en el momento y en el lugar que tu desees, y a abstenerse de evacuar en cualquier lugar o momento.

¿Suena fácil? En realidad, lo es, siempre que sigas unos procedimientos básicos. Enseñar hábitos higiénicos no tiene por qué ser frustrante o abrumador.

Empieza con un horario.

Los perros son criaturas de hábitos y un horario fijo hará que tu cachorro aprenda los hábitos higiénicos mucho más rápido. Puedes fijar un horario que tome en cuenta tus propias necesidades tomando en consideración que casi todos los cachorros y perros adultos necesitan evacuar al despertarse en la mañana o luego de una siesta, después de comer o tomar agua y después de la hora del juego.

Un Beagle entre 8 y 12 semanas de edad necesita hacer sus necesidades cuando se despierta en la mañana, después de tomar desayuno, después de jugar a mitad de mañana, luego de nuevo cerca del mediodía. Si el cachorro toma una siesta, tendrá que salir a hacer sus necesidades cuando despierte, luego nuevamente a media tarde. Este horario debería continuar así todos los días.

A medida que tu cachorro crece y madura, tendrá más control de su vejiga e intestinos y podrás aumentar la duración de los intervalos entre las idas al baño. Sin embargo, el aumento debe hacerse gradualmente.

Entre los 8 y 9 meses de edad, un perro que ha recibido educación en hábitos higiénicos tendrá que salir de la casa a hacer sus necesidades al despertarse en la mañana, al mediodía, al atardecer, después de la cena y antes de la hora de dormir.

Sin embargo, ten presente que todos los perros, sin importar su edad, tienen sus propias y únicas necesidades. Algunos tendrán que salir a evacuar más seguido; otros podrán contenerse más tiempo. Durante el proceso de educación en hábitos higiénicos, deberás aprender las necesidades particulares de tu perro, sus fortalezas y sus debilidades.

El método de la caja

Cuando fuera está lloviendo, cuando no estamos en condiciones de sacar a nuestro Beagle, cuando ni siquiera estamos en casa... ¿Dónde puede él hacer sus necesidades? Bien, en condiciones normales lo hará donde pueda, sencillamente. Si le gritas por ello se esconderá de ti, y ya está. Lo que debes hacer es indicarle un lugar donde pueda hacerlo, pero para eso deberás enseñarle correctamente. No vale con señalar una caja de arena para perros y decir "hazlo allí"; no te va a entender.

Con este sencillo método conseguirás enseñárselo adecuadamente: apelando a sus instintos y a su gran capacidad de aprendizaje. Evitarás así accidentes indeseados y potencialmente peligrosos.

Antes de nada necesitas una herramienta indispensable. No te escandalices, esto no se trata de algo inhumano ni cruel.

Necesitas una caja o una jaula.

No, no vamos a encerrar a nuestro Beagle durante días como castigo por hacer sus cosas, así no funciona.

Todo perro busca una guarida, un lugar donde estar relajado y a salvo. Muchos piensan que eso es el hogar familiar, pero él quiere algo más pequeño. En la naturaleza el lobo no vive en una inmensa cueva con todo tipo de lujos: vive en una madriguera donde a veces ni siquiera puede estar totalmente en pie. Y le gusta, porque esa es su forma de ser.

La caja debe ser lo bastante grande como para que el perro se levante, se acueste y de la vuelta, pero no como para que corretee ni se excite. Es un lugar de relajación, de descanso.

También es recomendable disponer de un cuenco para el agua que se pueda atar a la pared de la caja, para que no se vuelque, y algunos juguetes, en especial aquellos que guardan en su interior una golosina para que el perro se entretenga mientras la intenta sacar.

Conseguido esto, escoge un lugar donde creas conveniente que el animal haga sus cosas. Recomiendo un cajón de arena para perros, puesto en un lugar de fácil acceso, y además lejos de la caja, del sitio donde duerme, y también del lugar donde generalmente le damos de comer.

Ahora, una aclaración. Un perro debe hacer sus necesidades:

1.   Antes de ir a dormir por la noche.

2.   Al levantarse de dormir o de la siesta.

3.   Unos 30-45 minutos después de comer (aunque hay perros con mayor o menor capacidad; hay que tener eso en cuenta en todo momento. Los cachorros y los ancianos aguantan mucho menos).

Dicho esto, lo ideal sería que llevaras a pasear a tu perro en estas tres situaciones, para que haga sus cosas en la calle, que es lo ideal, y además haga ejercicio abundante. Si lo haces así consigues que haya menos posibilidades de que haga nada en casa, aunque sigue siendo una buena idea enseñarle dónde puede hacerlo ante una emergencia.

¿Por qué es más fácil enseñar hábitos higiénicos con jaula?

Todos los perros nacen con el instinto de mantener sus camas limpias y en cuanto sus patas son capaces de aguantar su peso, los cachorros dan sus primeros pasos y se alejan de sus hermanos para hacer sus necesidades. Antes de eso, la mamá perra había estimulado a los cachorros a hacer sus necesidades y había limpiado sus desechos.

Una jaula aprovecha el instinto natural del Beagle de mantener su cama limpia y ayuda al cachorro a desarrollar un control de su vejiga e intestinos porque el cachorro tratará de no hacer sus necesidades en su acogedora guarida.

Existen varios tipos de jaulas. Las jaulas de transporte de tela son sólo para viajes. Sin embargo, las jaulas de alambre o de plástico pueden ser usadas tanto para enseñar hábitos higiénicos como para los viajes. Las jaulas plásticas tienen una puerta de alambre y normalmente constan de dos partes, una parte superior y otra inferior que van unidas con pernos.

El tipo de jaula que se use depende del gusto de cada persona. Las jaulas plásticas proporcionan mayor seguridad para el cachorro, mientras que las jaulas de alambre otorgan mayor ventilación. Las jaulas de alambre a menudo se pliegan para almacenarse y son compactas (aunque pesadas), mientras que las de plástico son bastante voluminosas, pero livianas. Analiza los pros y los contras y elige la jaula que se ajuste a tu estilo de vida y al de tu perro.

Elige una jaula que sea lo suficientemente grande para tu Beagle. Asegúrate de que tu perro tenga suficiente espacio para echarse, para ponerse cómodo y para moverse, pero no más que eso. Si la jaula es demasiado grande, tu cachorro podrá defecar u orinar en una esquina y aún tendrá suficiente espacio para alejarse de sus desechos

Recuerda que el propósito de la jaula es aprovechar el instinto natural de tu perro de mantener su cama limpia. Si ya tienes una jaula, y ésta es lo suficientemente grande como para que habite en ella un perro adulto, usa un trozo de cartón o una tabla delgada de madera para dividir la jaula, así tu cachorro no tendrá acceso a la jaula entera.

Introducir a tu cachorro a la jaula no es difícil. Simplemente abre la puerta de la jaula, mantenla asegurada para que no se cierre accidentalmente, luego echa una golosina o juguete dentro. Alienta a tu perro para que vaya a buscar la golosina o juguete con una orden personalizada, la cual seguirás usando después.

Por ejemplo, puedes repetir, "perrito, a la cama". Cuando el perro entre a la jaula, felicítalo diciendo "buen perro". Haz esto varias veces al día. A la hora de la comida, coloca el plato de la comida de tu perro dentro de su jaula para que éste deba entrar a la jaula a comer. Después de dos o tres días de esta rutina, empieza a cerrar la puerta cuando tu perro esté comiendo y a abrirla cuando haya terminado de comer.

Una vez que tu perro se sienta cómodo con la jaula cerrada, puedes empezar a usarla de noche. Ubica la jaula en tu dormitorio para que el perro pueda escucharte, olerte y esté cerca de ti toda la noche. Son ocho horas de cercanía entre tú y tu cachorro. Ahora podrás escuchar a tu perro cuando éste se ponga inquieto y necesite hacer sus necesidades afuera.

Ahora sí, ya podemos empezar

Primero hay que conseguir que el perro se acostumbre a la caja, y no hay ninguna manera fácil. Mételo dentro y cierra. Lo más seguro es que se queje y trate de escapar, pero es una reacción natural: al fin y al cabo está encerrado, es un lugar nuevo y no puede acceder a ti como normalmente. Ignora sus lloros. Puedes estar ahí pero no lo mires ni le hables.

El perro no es un animal histérico por naturaleza. Se cansa de tener miedo y estar estresado, así que al final se relajará. Cuando lo haga puedes volverte hacia él y premiarlo por su tranquilidad.

De esta manera, repitiéndolo varias veces, se acostumbrará a la caja y la relacionará con recompensas.

El siguiente paso es empezar a darle la comida allí. La relacionará también con la hora de comer.

Ahora es cuando empieza el verdadero entrenamiento.

Que coma en la caja, y déjalo dentro durante unos 45 minutos.

Como ya hemos dicho, ene se tiempo tendrá necesidad de hacer sus cosas, pero...está en el lugar donde come. Eso no le gustará, así que se aguantará tanto como pueda, porque nadie quiere ensuciar el sitio donde tiene que comer, ¿correcto?

Una vez pasado este tiempo es hora de sacarlo. Ponle la correa y ve directamente al lugar donde has decidido que haga sus necesidades. No te entretengas por el camino porque ahora mismo casi cualquier rincón le debe parecer bien a tu perro. Llévalo al cajón de arena o donde sea que hayas elegido, y deja que haga sus cosas.

Cuando las haga prémialo y recompénsalo profusamente, alábalo en un tono feliz y animado. Ha hecho exactamente lo que querías y tiene que saberlo.

Por la noche métalo también en la caja. No es para que duerma para siempre en ella, aunque es posible que se acostumbre, sino para encontrarse de nuevo en ese lugar pequeño donde come y ahora también va a dormir. Se aguantará si durante la noche le dan ganas de hacer sus cosas.

~ Perro-Obediente.com ~

Si se levanta muchas veces y parece ansioso, aunque estés agotado y durmiendo, ve, sácalo y llévalo al cajón de arena, porque no puede aguantarse más. Prémialo de nuevo, pero sin efusividad (hay que enseñarle que la noche es para estar tranquilos), y luego a la caja otra vez.

Por la mañana cuando sea hora de levantarse llévalo al cajón de arena nuevamente, y cuando haga sus cosas, de nuevo, premio y recompensa.

Algunas indicaciones durante el entrenamiento

–NO dejes que el perro vague a solas por la casa. Que esté contigo o en la caja si eso no es posible. De esta manera evitas que vaya a los lugares donde solía hacer sus necesidades antes, y tendrás menos oportunidades de que haya sorpresas.

–Cuando no vayas a estar en casa deja al perro en la caja. Antes de irte que haga sus cosas en el lugar indicado. Aguantará, si puede, hasta tu regreso, cuando lo sacas de nuevo y lo dejas hacer sus necesidades otra vez. Esto no sólo sirve al propósito de este reporte, sino que además evitas que el perro haga verdaderos desastres a causa de la ansiedad o el aburrimiento.

–Si tu Beagle es un cachorro, o un anciano, entonces debes sacarlo de la caja cada tres horas como mínimo. Limita los ejercicios a los días que estás en casa, si quieres, o pide a alguien que te ayude yendo a sacar al animal para que haga sus cosas. Hay que pensar que cachorros y ancianos tienen más dificultades para aguantarse.

Eso es todo

Este es el mejor método para conseguir que tu perro haga sus necesidades en el lugar indicado, y no en cualquier rincón. Que coma y duerma en la caja; llévalo al sitio correcto unos 45 minutos después de la comida, y antes y después de dormir, y en muy poco tiempo aprenderá a ir directamente a ese lugar cada vez que tenga ganas, porque, al fin y al cabo, lo recompensan por ello, ¿por qué no hacerlo entonces?

Necesitarás mucha paciencia, sin duda, pero finalmente conseguirás que tu perro aprenda a hacer sus cosas donde tú quieras, incluso aunque no estés en casa para controlarlo.

Cuando lo hayas conseguido si quieres puedes retirar la caja; como herramienta ya no es necesaria.

¡Los accidentes pasan!

Los accidentes pasan y algunas veces se producen debido a que no seguiste los horarios o no vigilaste lo suficiente a tu perro. Tal vez le diste demasiada libertad a tu cachorro y éste orinó en el cuarto de invitados. Pero el accidente también se pudo haber producido porque tu perro no entendió tus órdenes.

Es importante que no le des tanta importancia a estos accidentes y entiendas que éstos no están dirigidos hacia ti en forma personal. Lo accidentes son simplemente parte del proceso de enseñanza y parte de la curva de aprendizaje de tu perro.

Cuando suceda un accidente, manéjalo cuidadosamente. Después de todo, es normal defecar y orinar; ¡tu Beagle debe hacer estas cosas! Lo malo es el lugar donde se realizan estas acciones. Si tu perro siente que estás enojado con él por haber ensuciado la casa, entonces puede que se vuelva muy asustadizo y trate de esconderse al momento de hacer sus necesidades.

Entonces encontrarás heces y orina en lugares extraños, tales como detrás del sofá y debajo de la cama. En lugar de reprender a tu perro, enséñale dónde debe hacer sus necesidades y asegúrate de felicitarlo con gran entusiasmo cuando haya aprendido.

Si encuentras heces u orina en tu casa y tu perro no se encuentra a la vista, no lo castigues, no le grites, no lo golpees con un diario enrollado, no le frotes su nariz en las heces u orina. Tu cachorro no tiene la culpa; la culpa es tuya, porque el dueño, no el cachorro, tiene la capacidad y la obligación de prevenir estos accidentes.

Se pueden producir algunos accidentes debido a que tu perro se encuentra enfermo. Por ejemplo, si tu perro tiene diarrea, no consideres esto como un accidente en el proceso de enseñanza de hábitos higiénicos. Si encuentras heces u orina luego de que tu cachorro ya aprendió los hábitos higiénicos, debes llamar a un veterinario. Esto podría ser un signo de un grave problema a la salud.

Mi Beagle tira de la correa cuando vamos de paseo

Un problema muy común, y en caso de un Beagle, también peligroso, que puede llevarte a no querer pasear a tu perro, a ver algo hermoso y saludable como si fuera una obligación pesada que preferirías evitar a toda costa.

El paseo es necesario, y es una oportunidad única de compartir tiempo con tu Beagle, de hacer ejercicio con él y de ver el mundo desde los ojos de un perro. Puede ser increíblemente satisfactorio… si no hay tirones de correa, claro.

¿Por qué es tan importante pasear a tu perro?

Si tienes un perro sabes que debes cumplir con muchas responsabilidades y una de las más importantes es llevarlo de paseo cada día, primero para que pueda realizar sus necesidades, segundo para que pueda realizar ejercicios, mantenerse en forma y fortalecer sus huesos. Y tercero para que pueda socializar y compartir con otros perros y humanos, para que se adapte a nuevos ruidos.

Por lo tanto debes de estar con la disposición de facilitarle a tu Beagle todo lo que necesita, de lo contrario deberías preguntarte si un perro es la mejor opción de mascota para ti, o mejor sería tener un gato, unos peces, etc.

A veces la falta de estas disciplina para con tu perro se puede transformar en él en forma de aburrimiento, mal humor, ansiedad e incluso agresividad.

Todos sabemos que un perro no es una simple decoración, si no que se convierte a su llegada en un miembro más de la familia, al que tienes que proporcionarle muchos cuidados y mimos. Tampoco es brindarle solamente mucho cariño, vacunarlo y alimentarlo, también es igual de importante darle las oportunidades para que socialice y haga mucho ejercicio.

Aunque hayas tenido un mal día o te sientas triste, decaída o cansado tu perro necesita de ti para que lo saques a pasar y las razones para ello son las siguientes:

Realizar ejercicios: así como las personas el perro necesita moverse con frecuencia para mantener el estado físico estable, y también mentalmente. Como dueños del perro debemos preocuparnos de mantener al perro en actividad para proteger a nuestro perro de enfermedades como la artritis, la obesidad o la artrosis.

El ejercicio durante las mañanas te permitirá tener a tu Beagle tranquilo durante lo que resta del día y que en muchas ocasiones lo pasan solo en casa. Así estará relajado y no sufrirá de stress ni ansiedad mordiendo todo lo que encuentras o destrozando el jardín.

Para la higiene: Si no tienes en casa de un amplio jardín para que el perro pueda realizar sus necesidades de forma periódica, no te quedará otra salida que llevarlo tu mismo a diario y continuamente a la calle para que haga sus deposiciones. Con esto evitas que tu hogar u jardín se transforme en un hogar para las bacterias.

Para Que Socialice: los perros deben compartir y relacionarse con otros perros y personas para impedir que un futuro se comporten de forma agresiva o con miedo frente a sus pares o gente. Relaciónalo con otros perros desde edad temprana, cuando son cachorros y aprenderá a reaccionar de forma aceptable y cuidadosa con otros animales.

Todos estos beneficios mantendrán al perro en sanas condiciones musculares, por eso tan importante el paseo diario de los perros, también con esto obtendrás excelentes resultados en su comportamiento y tendrás un perro sociable y feliz.

Por eso es aconsejable que le des a tu perro un paseo como mínimo de dos veces por día, de al menos una media hora cada uno. También dependerá de las necesidades que requiera tu perro para hacer sus deposiciones).

Ten presente los siguientes consejos antes de pasear con tu perro:

Un Beagle de tres meses que tenga todas sus vacunas puestas en orden, podrá salir sin problemas a la calle. Para que se adapte al mundo externo con personas y nuevos animales para él, se aconseja que lo lleves amarrado y cerca tuyo todo el tiempo a reconocer el sector o villa donde vives por ejemplo una vuelta a la manzana, por el parque o plaza, etc.

Atiende los siguientes pasos para dar un buen paseo junto a tu perro:

—A la correa o collar de tu perro pon todos sus datos donde vive y teléfono, también está la opción de un micro chip para ubicar su paradero.

—Si tu perro está catalogado como uno de raza peligrosa o agresiva es tu deber llevarlo bien amarrado y con bozal.

—Lleva contigo bolsas de plástico por si tienes que recoger sus necesidades del piso.

—Como dueños del perro somos responsables de cualquier acontecimiento que ocurra con nuestro perro. Así que vigílalo y contrólalo a cada momento.

—En viajes o paseos largos y lejanos transporta contigo una botella y un plato para el agua. Así lo mantendrás hidratado a cada minuto.

—Cuando estas adiestrando a tu perro y lo llevas de paseo también carga contigo una bolsita con algunas galletas para perro u otro incentivo, para felicitarlo por alguna acción que haya realizado y que desees mantener en él.

De paseo con tu perro:

Al momento de salir a la calle con tu perro, sigue esta secuencia de indicaciones para que el paseo resulte un éxito.

~ Perro-Obediente.com ~

Si tu Beagle tiene miedo a los autos y ruidos que hay en la calle, mantenlo siempre a tu lado y cada vez que sienta un ruido extraño o pase un auto junto a ustedes regálale un pedacito de alguna golosina para que se sienta seguro y en confianza. Así perderá el miedo poco a poco.

Ya hemos mencionado que los paseos deben ser continuos y a diario, que se forme un hábito en ti y tu mascota, para que se traduzca en eso, cada vez antes de salir buscas y le pones su correa. Él entenderá que cuando le buscas su correa es sinónimo de pasear.

Si tu perro adopta una conducta de ansiedad desbordante cada vez que le pones su correa tienes que tratar de mantenerlo calmado para lo que se aconseja que tires de la correa fuertemente y pronuncies un NO rotundo hasta esperar que se siente y calme por sí solo. Una vez realizado este acto por tu perro lo felicitas y premias, y a continuación salen juntos a la calle.

Evita que la correo de tu pero quede muy tirante, cada vez que le tire de ella mientras lo paseas tu dale otro fuerte tirón y pronuncia un NO, te detienes y continuas el paseo una vez que haya dejado de tirar.

Instruye a tu perro para que camine sin tirar la correa

Este es uno de los ejercicios más útiles que puedes enseñarle a tu Beagle, te lo garantizo. Te servirá de mucho por la razón de que podrás ir con él a cualquier parte sin tener que preocuparte de estarlo controlando. Y también te permitirá proseguir con otros ejercicios de adiestramiento con mayor facilidad.

Es ventajoso que tu perro aprenda este ejercicio pues le ayudará a auto controlarse en cualquier circunstancia y tu podrás darte cuenta de algunos comportamientos que tiene tu perro para conocerlo mejor.

Y este ejercicio de caminar sin jalar correa consiste en que tu perro camine cerca de ti sin la necesidad de arrastrarlo o tensar la correa.

Para comenzar este ejercicio ya tienes que haberle enseñado a tu perro el uso de la correa y el collar como lo vimos al comienzo de este manual.

Comprende porque los perros tiran la correa cuando los llevas de paseo.

Quizá te ha pasado o has visto en las calles como los perros pasean muy adelantados de sus amos y con la correa muy tensa y te puede parecer que en vez de los dueños pasear al perro son los perros quienes pasean a sus dueños.

Esto sucede porque se les enseño desde cachorros esa mala conducta reforzándoselas quizás sin querer o por no saber cómo hacerlo adecuadamente. Y en realidad esos perros que se comportan así es porque no saben otro modo de pasear y de llegar al lugar que desean ir.

Tú puedes pensar también que el perro te hará caminar muy rápido durante el paseo, pero el perro pensará que tú eres muy lento y debe tirarte para llegar pronto al lugar deseado y por eso te jala.

Las personas siempre que el perro le jala la correa comienzan a avanzar más rápido por eso refuerzan en el perro esa conducta inapropiada y él se acostumbra y cree que es la forma correcta de llegar donde quiere ir, al parque a saludar a otros perros etc.

Por eso debes aprender a partir de ahora que cuando tu Beagle te tire de la correa, tú te deberás quedar inmóvil y no continuar caminando. Él asociará esa conducta a que si tira de la correa no avanzan.

Para que comprendas mejor lo que tu perro siente y lo difícil que es adquirir la perfección de este ejercicio. Ponte en el caso de volver a ser un niño y tu padre te lleva a una fiesta donde tus amigos juegan en el patio y se divierten comiendo golosinas, saltando, riendo fuertemente, etc. Que sentirías si no puedes ir a compartir con ellos porque debes permanecer junto a tu padre todo el tiempo. ¿Tú, te quedarías junto a tu padre?

Sería difícil en verdad hacerlo, por eso te costará exigirle a tu perro que adquiera esta conducta y no te jale de la correa para llegar al parque por ejemplo. Debes tener paciencia pues te será de mucha utilidad.

1° Norma: Como lograr que tu perro de 15 pasos sin tirar de la correa en un ambiente sin distracciones

Lleva a tu Beagle amarrado a su correa a un lugar tranquilo donde no tenga distracciones. Sujeta la correa con ambas manos junto a tu vientre para que no se muevan cuando tu perro te tiré. Cuando lo haga, espera que se calme y la correa quede floja nuevamente, entonces haces click y le das la comida, enseguida de que se haya tragado el trozo de comida, le haces otro click y le vuelves a dar comida. Realiza esta acción unas 5 o 10 veces más.

Se supone que tendrás las dos manos sujetas a la correa así que intenta realizar el click con tu boca o utilizando una palabra corta, No te aflijas si con anterioridad no cargaste estos reforzadores de conducta, serán unos nuevos y para que aprenda otra nueva conducta.

¿Cómo determino correctamente cuando la correa esta floja?

La corea se encuentra floja cuando esta no está tensa, y cuelgue completamente formando una U. si eso no sucede es porque se encuentra tensa y tu perro te está tirando de ella.

Después de que hayas realizado los click mencionados anteriormente, comienza a caminar y si das un paso y la correa se mantiene floja le haces un nuevo click y le das la comida. Luego continuas dando dos pasos y sigue manteniendo floja la corea le das otro click y la comida.

Repite este procedimiento aumentando un paso cada vez.

Si en algún momento el Beagle tensa la correa, retrocedan hasta el punto de inicio y comienzan otra vez.

Si no dispones para entrenar en un lugar muy amplio donde puedan dar al menos 15 pasos, hazlo caminando en círculos. Y cuando este te tense la correa retrocedes unos pasos.

Cuando hayan logrado caminar los 15 pasos y sin tensar la correa en dos sesiones seguidas puedes avanzar a la siguiente norma. No es obligación lograr ambas secuencias de 15 pasos el primer día pueden aprenderlas en otras sesiones.

Cuando terminen le quitas la correa y jueguen juntos por un tiempo. Puedes darle unos pedacitos de comida adicionales.

Observa que para este ejercicio no utilizas ninguna orden y tampoco la utilizarás en las otras normas. Lo único que usas para que tu perro no jale es la misma correa.

2° Norma: Como lograr que tu perro de 15 pasos sin tirar de la correa hasta un punto determinado

Esta norma es parecida a la anterior, pero debes determinar cuál será el punto final al que llegarás con tu Beagle en línea recta. Intenta que el punto determinado para la llegada sea algo que tu perro quiera conseguir, como un juguete, comida, una persona, etc.

Caminen hacia el punto final. Empezando por el primer paso y si el perro mantiene la correa floja haces click y le das la comida, continua avanzando en la cantidad de pasos igual que la vez anterior.

Continúen hasta que puedan dar los 15 pasos en dirección al punto final sin que tu perro te haya tirado de la correa. Recuerda que si la tensa deben comenzar desde el principio.

Cuando lleguen hasta el punto final permítele a tu perro que disfrute unos momentos con la cosa que le hayas dejado para que lo motive. Si era comida lo dejas que coma, si era un juguete o una persona permítele que juegue un rato con ellos.

Lo ideal para este procedimiento es que sea en un lugar con un espacio donde puedan caminar unos 120 pasos. Hagan las repeticiones necesarias para que se acostumbre a adquirir esta conducta de no tirar de la correa mientras dan un paseo.

Si no dispones de un espacio libre de distracciones donde puedan dar la cantidad de pasos totales indicados realiza una secuencia parecida a la que te mostrare a continuación.

—Un paso, haces click, le das comida.

—Un paso, dos pasos, click, la comida.

—Un paso, dos pasos, el perro tira de la correa.

—Retrocedes hasta el punto de inicio.

—Un paso,click, comida,

—Un paso, dos pasos, click, comida.

—Un paso, dos pasos, tres pasos, click, comida.

—Un paso, dos pasos, tres pasos, cuatro pasos, click, comida.

—Un paso, dos pasos, tres pasos, el perro tira la correa.

—Retrocedes una vez más al inicio.

—Un paso, click, comida.

—Un paso, dos pasos, click, comida.

—Un paso, dos pasos, tres pasos, click, comida.

—Un paso, dos pasos, tres pasos, cuatro pasos, click, comida.

—Un paso, dos pasos, tres pasos, cuatro pasos, cinco pasos, click, comida. Sueltas la correa y le permites al perro que alcance el punto final con su objeto determinado.

—Vuelves otra vez al punto de partida.

—Un paso, dos pasos, tres pasos, cuatro pasos, cinco pasos, click, comida, sueltas la correa y permites que tu perro alcance el punto final si el perro durante el procedimiento vuelve a tirar la correa reinicias con un solo paso hasta que logren alcanzar los 5 pasos consecutivos.

Pueden entrenar esta técnica en varias sesiones de adiestramiento.

Algunos inconvenientes que pueden surgir, al dar la lección de no tirar la correa mientras camina.

Trucos básicos en la vida de un Beagle

Los trucos para perros son siempre divertidos. Dar la patita, contar, revolcarse o hacerse el muerto son solo algunos ejemplos.

Pero hay trucos que pueden resultar vitales a la hora de educar a un Beagle, al margen de sus aficiones o su modo de vida. Son trucos que, si los enseñas bien, pueden evitarte unos cuantos problemas. Me dispongo a exponerte cómo enseñar los tres más importantes... y luego, para tu diversión y la suya, otros dos.

Ten en cuenta que para enseñar trucos, para empezar necesitas un espacio libre de distracciones y también golosinas caninas; si puede ser, que estén fuera de la vista. Tú debes ser el foco de su atención, no el bote de las chucherías. Opcionalmente, puedes hacer uso de un clicker.

Sentarse

Fase 1

—Toma una golosina y deja que tu perro la vea.

—Acércale la golosina, pero no se la des. Pásala por encima de su cabeza en dirección al lomo.

—Sigue esa dirección. Lo más natural es que el perro intente seguir la golosina con los ojos, y en lugar de retroceder, se siente.

—En cuanto se siente, dale el comando verbal ("sit", "sienta" o el que elijas) y la golosina. Todo debe ser inmediato.

*Repite el proceso desde el primer paso varias veces. En ocasiones, ¡es posible que se siente en cuanto coges la golosina!

Fase 2

—Intenta darle la orden verbal.

*TEN EN CUENTA que el perro no debe ver la golosina ni saber dónde la tienes. De lo contrario, aprenderá a seguir tus instrucciones SOLO si sabe que está la golosina ahí.

—Si tu Beagle se sienta, recompénsalo con la golosina y alábalo mucho. Si no lo hace, vuelve a la fase 1 un par de veces.

*Opcionalmente, es un buen momento para unir a la orden verbal una orden visual, un gesto que tu perro pueda identificar con la misma orden.

Fase 3

—Cuando tu Beagle se siente cada vez que le das la orden, puedes cambiar a otro espacio: otro cuarto, o incluso el patio.

~ *Perro-Obediente.com* ~

—Sigue los pasos de la fase 2.

—Si tu perro se distrae, regresa a los pasos anteriores y refuerza el aprendizaje antes de volver a una zona con mayores distracciones.

Venir

Fase 1

—Quédate a solas y sin distracciones en la sala de adiestramiento.

—Quédate apartado de tu perro, sin llamarlo.

—Cuando tu Beagle se acerque a ti, en cuanto dé el primer paso en tu dirección, dale la orden (su nombre y "Ven", por ejemplo) en tono alegre, como dándole la bienvenida.

—Repítelo hasta que tu perro llegue a tu lado.

—Cuando haya llegado, ponte muy contento, acarícialo y dale golosinas. Recompénsalo profusamente por haber llegado a tu lado cuando se lo has dicho.

—Repítelo a lo largo de varios días, en sesiones cortas, hasta que venga de inmediato en cuanto se lo dices.

ADVERTENCIA: Es posible que empiece a ir hacia ti en cualquier momento, sin que se lo ordenes, creyendo que así tendrá una golosina. NO se la des entonces. Si lo haces, lo estarás recompensando por acercarse a ti, no por obedecer, así que no estará relacionando el acto de acudir a tu lado con tu llamada.

Fase 2

—Añade distracciones a la ecuación, ya sea cambiando de habitación o encendiendo un televisor o colocando juguetes en la de adiestramiento.

—Cuando tu Beagle esté distraído, llámalo. Asegúrate de que te haya oído (suele saberse por el movimiento de las orejas). Si te mira, llámalo de nuevo para dejar clara la orden.

—Si va hacia ti, recompénsalo alegremente con caricias y golosinas.

—Si no lo hace, vuelve a la fase 1 para afianzar las bases.

Fase 3

—Es hora de practicar la orden en la calle o en el jardín. Usa la correa (larga, de unos cinco metros como mínimo) para esto.

—Cuando esté en el exterior, distraído con los olores, colores y formas, llámalo.

—Si responde, recompénsalo muy profusamente por su éxito. Si no, regresa a la fase 2.

Fase 4

*Esto es mejor hacerlo en un patio, jardín o parque cerrado. Es el momento de dar la orden… sin correa.

—haz lo mismo que en la fase 3: cuando esté distraído con todo lo que hay ahí fuera. Llámalo.

—Si responde, recompénsalo bien. Si no, vuelve a la fase anterior para afianzar.

Quieto

*Es importante que tu perro haya aprendido ya la orden de "venir" y "sentarse".

Fase 1

—Pon a tu perro en una esquina y ordénale que se siente.

—Cuando lo haya hecho, dale la orden de "quieto" y muéstrale la palma de tu mano, como si le dijeras que se detuviera.

—Retrocede un paso. Si tu perro se ha quedado quieto, recompénsalo.

Fase 2

—Lleva a cabo el mismo proceso, pero esta vez retrocede tres pasos.

—Si tu perro no se ha acercado, recompénsalo. Si sí lo ha hecho, entonces vuelve a la fase 1.

Fase 3

—Refuerza la orden con otra. Cuando se haya quedado quieto un tiempo prudencial, dile "ven" y alégrate mucho por su éxito, recompensándolo profusamente.

¡Diviértete! Dar la pata

Fase 1

—Haz sentar a tu perro frente a ti.

—Sujeta una golosina en la mano y agáchate frente a tu perro.

—Pon la mano cerrada cerca de su cabeza, por uno de los lados, para que se gire ligeramente a oler.

—Deja que intente conseguir la golosina. La mayoría de los perros, cuando no pueden con el hocico, intentan abrir tu mano con la pata.

—En cuanto su pata toque tu mano, dale la orden para que te dé la pata y abre la mano para que tome la golosina.

Fase 2

—Tiéndele la mano abierta sin golosina y dale la orden.

—Si pone su pata sobre la tuya, dale una golosina y recompénsalo profusamente. Si no, vuelve a afianzar la fase 1.

Fase 3

—Comienza a llevar a cabo al fase 2 con distracciones y en otras estancias.

¡Diviértete! Saluda

Este truco es muy útil para cuando llegas a casa, o llegan los visitantes. Con él puedes indicarle a tu perro que salude tranquilamente, lo que te evitará problemas como saltar sobre la gente cuando llega.

Fase 1

—En un espacio libre de distracciones, haz sentar a tu Beagle.

—Agáchate frente a él, coge una golosina y ponla por encima de su cabeza, de manera que no pueda alcanzarla sentado.

—Si se levanta, no hagas nada, vuelve a hacerlo sentar.

—Si levanta solo las patas delanteras, dejando los cuartos traseros en el suelo, para intentar alcanzar tu mano y bajarla, entonces le das la orden "saluda" y le das la golosina.

—Repítelo varias veces, y recuerda: recompénsalo solo si ha levantado, aunque sea un poco, las patas delanteras.

Fase 2

—En este punto, mantente de pie y da la orden de saludar.

~ *Perro-Obediente.com* ~

—Si levanta aunque sea un poco las patas, lo recompensas con u na golosina. Si no lo hace, refuerza la fase 1.

Fase 3

—Ahora hay que repetir la orden, pero solo cuando levante por completo al menos una pata le darás su recompensa.

*Como añadido, si quieres, puedes darle su golosina solo cuando haya levantado ambas patas.

Final

Con esto hemos llegado al final del libro. En este punto ya posees todo el conocimiento básico que necesitas para educar a un perro de la raza Beagle, evitando los problemas más comunes en ellos y en los caninos en general. Además, sabes enseñarle unos trucos útiles... ¡y otros divertidos!

Pero todavía puede que tengas dudas, algún problema que no logres solventar, o incluso sencillamente que quieras comentar algo. Si es el caso, ¡tranquilo! Puedes encontrarme fácilmente en mi página de Facebook (https://www.facebook.com/educarperros/) o a través de mi correo electrónico, sencilloyrapido@gmail.com

También puedes visitar mi canal de YouTube en https://www.youtube.com/user/adiestramientofacil , donde subo regularmente videos de adiestramiento y conocimiento general sobre perros, o en mi blog, Perro-Obediente.com/blog, donde vas a poder encontrar consejos y anécdotas del mundo canino.

~ Perro-Obediente.com ~

Ya finalmente, sin más que añadir, ¡ánimo con el adiestramiento! Sobre todo, ¡disfruta! Enseñar a un perro es siempre un juego maravilloso.

~ Perro-Obediente.com ~

111

Made in the USA
Las Vegas, NV
02 January 2022

40111902R00069